50

LEÇONS DE SOLFÈGE

A Changements de Clefs

Clefs de Sol, de Fa 4ᵉ ligne, d'Ut 1ʳᵉ, 3ᵉ et 4ᵉ ligne

PAR

E. RATEZ

DIRECTEUR DU CONSERVATOIRE DE LILLE

Prix net : **5** francs.

Henry LEMOINE et Cⁱᵉ, Éditeurs

17, rue Pigalle, PARIS. — BRUXELLES, 44, rue de l'Hôpital.

Droit de reproduction réservé pour tous pays.

y compris la Suède, la Norvège et le Danemark.

1905

à Monsieur Théodore DUBOIS

50 LEÇONS DE SOLFÈGE

A CHANGEMENTS DE CLEFS

Clefs de sol, de fa 4e ligne, d'ut 1re, 3e et 4e lignes

E. RATEZ

Directeur du Conservatoire de Lille

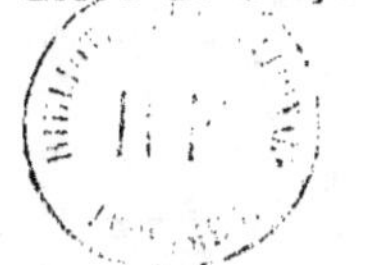

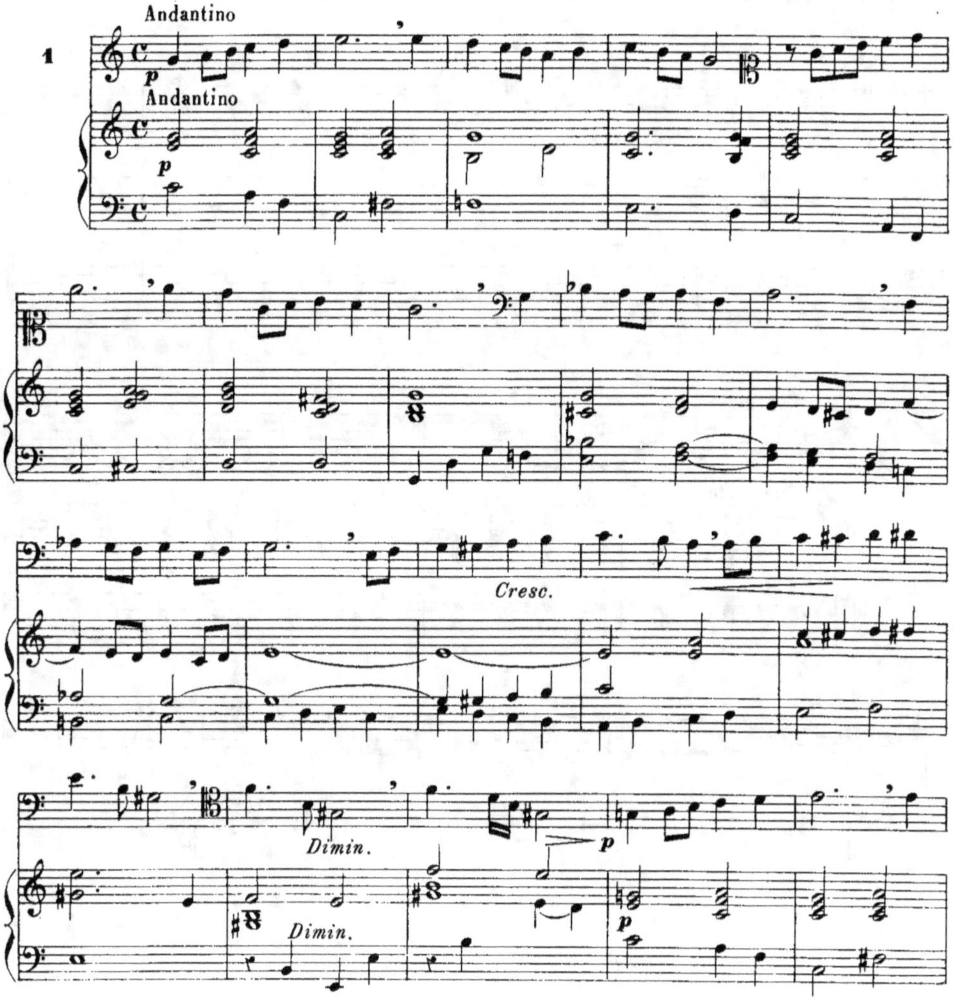

19596. H.

2
Con moto
p
Con moto
p
3
19596. H.

4
Allo moderato
3
Allo moderato
19596. H.

Con moto
4
p
Con moto
p
3 3
3
pp
pp
Dimin.
p
19596. H.

Allegro
5
Allegro
f
f
19596. H.

6
Allegretto
Allegretto

Moderato
Moderato
p
Rallent.
7
3

a Tempo
a Tempo
f
f
Dimin.
f
f
3
3
3
3

p
p
3
3

8
Cantabile
Cantabile
p
f
f
p

pp
p
pp
p
f
f
p
p
p

Allegro
p
Allegro
p
9
19596. H.

Andantino
Andantino
10

Poco rallent.
a Tempo
p

Moderato

11

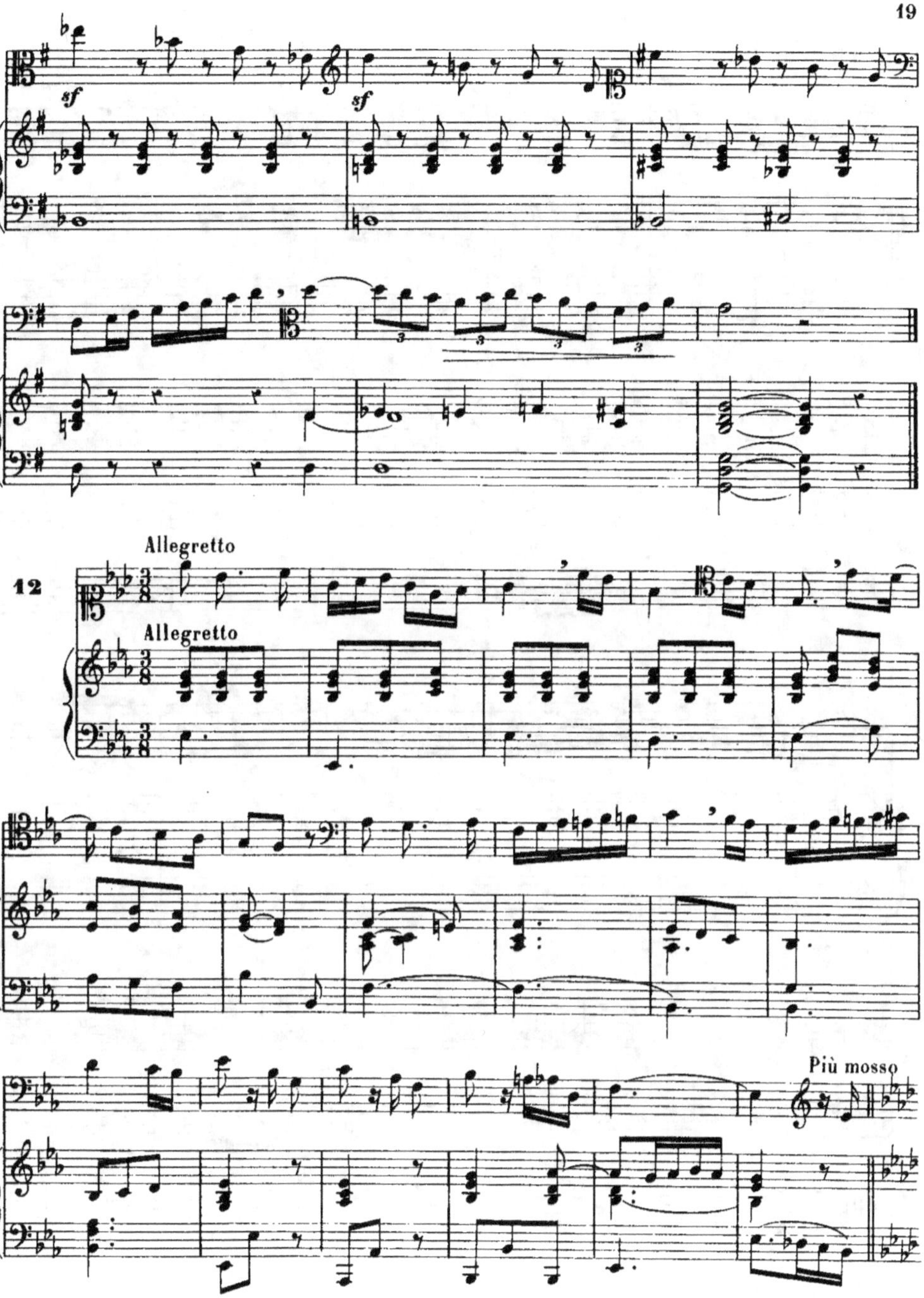
sf
sf
12
Allegretto
Allegretto
Più mosso

Tempo Iº
Tempo Iº
Rallent.
p
3
3
3

22
13
Con moto
Con moto
19596. H.

p

Andantino
mf
14
Andantino
mf

19596. H.

15
Allegro
Allegro
rallent.

a Tempo

Allº vivace
16
Allº vivace
f
49596. H.

Cresc.
p
f
Moderato
17
Moderato
3
3
3

Con moto
18
Con moto
p
p

Cantabile
Dimin.
3
3
tr

19

Allegretto
p
Allegretto
p
3
3
Listesso tempo ♩=♩.
Listesso tempo

Litesso tempo
Litesso tempo
p
6
6
6
6
Rall.
a Tempo
a Tempo
Rall.

20

Andantino

p
Dolce
Dolce

21
Moderato
mf
Moderato
mf
3
3
6

22
Con moto
Con moto

p Dolce
p

Cresc. e accelerando
Rallent.
Rallent.
Tempo 1°
Tempo 1°
p

Animato
Animato

23
All° moderato
All° moderato
p
3 3 3 3 3 3
Rallent.
Rallent.
ad lib.
a Tempo
mf
a Tempo
Suivez
19596. H.

24

Allegretto

Listesso tempo
Listesso tempo

25

Cresc.
Cresc.
p
f
p
f

Allº moderato
26
mf
Allº moderato

f

Andantino
27
Andantino
p

Cresc.
p
3
3
3
3
3
3

Andante
28
Andante
p
3
3
3

Con moto
29
Con moto
f
f
3
3
3
3
3
3
p
p

Moderato
Cantabile
p
Moderato
p
30

Allegro
31
Allegro
Dimin.

Poco rall.
Ad lib.
a Tempo
a Tempo

32
Andantino
Andantino

Rallent.
a Tempo
a Tempo

Risoluto
Risoluto
33

Cresc.
Cresc.

Tempo di minuetto
34
p
p
f
f

35
Andante
p dolce
Allegro (Une mesure a la même durée qu'un temps du 3/4 précédent ♩ = ♩.)

MESURES ISOCHRONES
Moderato
36
p
p
2
49596. H.

37

Dimin.
p
p

Andante
38
p
p

84.
19596 H.

Andante con moto
39
p

40
Andante
Andante
p
pp
a Tempo
a Tempo
All° vivace
f
All° vivace
f
p
p
Cresc.
19596. H.

Allegretto
41
Allegretto
p

42
Con moto
Risoluto
Con moto

pp
pp

43
Allegro
Allegro
p

44
Moderato
p Dolce
Moderato
p

pp
f
2

98
43
Andantino
Andantino
19596. H.

6
Rallent.
Allegro
Rallent.
Allegro
Cresc.
f
3
3
3
3

Moderato
46
Moderato

Andante (cette mesure doit être battue à 4 temps, avec le dernier temps redoublé)

19596. H.

48
Risoluto
Risoluto
f
3
3
6
6

Moderato
49
Moderato

50
Andantino
Andantino
p

Paris, Imp A. Chaimbaud et Cie   GULON Grav   19596. H.